QUELQUES MOTS

ADRESSÉS

A LA GRANDE COMMISSION D'ALGER,

PAR

M. CAPPÉ, Croix de Juillet et Avocat,

Député à Paris de cette Colonie,

AU SUJET DE SA MISSION,

ET DÉDIÉS

A LA CHAMBRE DES DÉPUTÉS, A LA CHAMBRE DES PAIRS ET AU CONSEIL D'ÉTAT,

AU NOM

DES COLONS ET DES INDIGÈNES D'ALGER.

Une existence de plusieurs siècles, signalée au monde entier par la plus effroyable piraterie, constatait l'impuissance des potentats à réduire la régence d'Alger au respect du droit de la nature et des gens. Des tentatives infructueuses contre ce repaire, n'avaient servi qu'à exalter l'orgueil et l'inhumanité des forbans africains; mais la France, toujours héroïque et fière, voulut venger l'outrage fait à son représentant par un dey stupide, et une flotte formidable, chargée de guerriers, déposa sur ce rivage inhospitalier l'armée qui devait lui conquérir d'immenses domaines, la gratitude de tous les peuples et une œuvre de civilisation.

Bientôt en effet, à la place du croissant, apparut l'étendard du vainqueur. La Loi, la Justice et la Raison devaient soudain élever là leur empire; mais l'Ineptie, la Fraude et la Concussion leur ravirent le trône, et depuis cette ineffable époque, depuis trois longues années, elles dévorent le sang, l'or et la considération de la patrie!!!

Cependant un terme est promis à ces incroyables calamités; déjà une première commission d'enquête s'est rendue sur les lieux, au cri de tant de victimes, pour y recueillir la preuve des scandales dénoncés et proposer les moyens de remédier aux avanies, sans nombre comme sans mesure, dont les autorités coloniales se rendent incessamment coupables. De retour de cette mission de délivrance et de rachat, une commission plus nombreuse, également distinguée par les hautes qualités de ses membres, à laquelle la précédente elle-même a été incorporée, est appelée à produire au gouvernement un plan d'organisation définitive, basé sur le droit et l'équité, sur les intérêts de la colonie et de la métropole.

Dans cette occurence, chaque citoyen a le droit et le devoir d'apporter son tribut de lumières et de conseils au foyer commun; à bien plus forte raison devais-je m'empresser d'obéir à cette loi d'intérêt général, moi, que la colonie, affaissée sous le poids du plus hideux arbitraire, a député à Paris, il y a neuf mois, près du gouvernement et des chambres, pour solliciter la fin de ses maux et de son désespoir, l'installation du Droit et de la Justice, moi enfin, que l'honorable président de la commission a distingué par cette bienveillante invitation.

Cédant à ce besoin et à cette obligation, je vais distraire quelques courts momens à mes occupations ordinaires de l'étude assidue des langues orientales et des exercices du barreau, pour tracer rapidement mes inspirations, dictées par une parfaite connaissance des lieux et des personnes, de leurs mœurs et de leur législation.

TITRE UNIQUE.

CHAPITRE PREMIER.

Exposition préliminaire

La Grèce est celui de tous les peuples qui fonda le plus de colonies, et qui en recueillit le plus de puissance et de richesses. C'est en grande partie, au moins, à ses pratiques que furent dus ces glorieux résultats. On peut donc, sans témérité, s'appuyer de ses exemples.

Après l'envahissement d'un nouveau pays par les armées grecques, le citoyen, que stimulaient également l'amour des biens et de la patrie, se rendait dans ce pays de conquête, suivi de sa famille et de ses dieux Lares, précédé des lois et coutumes nationales. C'était moins pour lui un changement de sol qu'un changement de domicile : mêmes droits et mêmes devoirs, mêmes lois et mêmes magistrats, rien à ses habitudes n'était altéré dans cette émigration. L'indigène conservait aussi la plénitude de sa position antérieure, et deux peuples, l'un vaincu et l'autre vainqueur, vivaient sans haines, s'entr'aidant mutuellement sous la protection de leurs lois respectives, et prospéraient en commun preservés des tribulations fiscales.

Ce n'est pas sans opportunité encore que nous citerons l'exemple des Romains nos devanciers dans les pays d'Alger qui, presque partout, respectèrent les lois, la propriété et les croyances religieuses des vaincus; c'est par ce triple hommage à cette sage politique qu'ils parvinrent à dompter presque toutes les tribus qui nous sont constamment hostiles., qu'ils réussirent à faire aimer et respecter leur législation, dont les coutumes de la Régence sont toutes empreintes.

L'observation de ces principes, indiqués aussi par la saine raison, eussent cette fois encore en Alger, épargné bien des fonds, bien des hommes, bien des crimes, atténué toutes les animosités et concouru à l'harmonie progressive des deux peuples ; mais l'avarice et la cupidité d'une part, la fureur d'une domination absolue et l'ignorance la plus complète de l'autre, ont fondé, dans cette belle régence, un régime d'arbitraire et de *bon plaisir*, d'exactions et de brutalités dont sont pareillement écrasés les indigènes et les Européens, que cet état irritant et de misère tient en hostilité permanente les uns envers les autres.

Mais au lieu de suivre la ligne sacrée des prescriptions légales et de la bonne foi, les attentats les plus monstrueux ont été commis. *La capitulation* d'Alger, qui garantit le respect des personnes et des biens, des cultes et des mœurs, a

été incessamment violée , à l'égal du droit de la
nature et des gens : le propriétaire expulsé avec
sa famille de ses maisons de ville et de campagne,
sans même recevoir la plus chétive indemnité,
pour faire place à un commis ou à un soldat ;
les mosquées et les synagogues démolies, ou li-
vrées à des usages profanes; les cimetières fouillés
et les ossemens des morts vendus au commerce;
les marabouts , saints édifices de la ville et des
champs, soumis aux mêmes affronts; les exporta-
tions et l'emprisonnement exercés à l'égard de tous
par une volontée capricieuse et forcenée; l'administration de la justice, déléguée par le principal
commis à des hommes sans études ni vocation,
instrumens et créatures d'une intendance préva-
ricatrice et concussionnaire ; le fisc pressurant, à
sa guise , tous les produits locaux et toutes les
provenances étrangères ; tout citoyen molesté
dans ses droits, entravé dans ses entreprises, dé-
pouillé, calomnié et enfoui dans de noirs cachots!

A l'égard de l'un des actes qui a soulevé le plus
d'indignation , il faut citer la dépossession du propriétaire , sa mise à la porte de sa maison pour
faire de sa dépouille l'apanage d'un fonctionnaire
civil ou militaire, alors que d'une part, le domaine
public, avec *huit-cents maisons* , qui lui sont pro-
pres et qu'il livre, en payant, par des moyens illi-
cites aux particuliers, à ceux même qui ont subi

la dépossession, pouvait subvenir à ce besoin, et que d'autre part, chaque fonctionnaire eût pu trouver à se loger au prix, à peu près, de son indemnité de logement. Sans doute , l'officier général , l'administrateur et l'officier supérieurs n'eussent pas pu prétendre, par ce moyen légal, à l'occupation intégrale, exclusive et gratuite d'un palais composé de sept à huit appartemens et accessoires, écuries, magasins et remises ; mais un attentat, que les Cosaques du Don ne commirent pas en France, ne serait pas reprochable aux Français en Alger envers leurs compatriotes, des étrangers et des indigènes capitulés sous la protection spéciale du respect des biens , protection, du reste, que le droit des gens garantissait suffisamment.

Cependant, ce sacrilège, cette spoliation , M. le conseiller d'État baron Pichon , précédent intendant civil de la Régence , travaillait ardemment à les faire cesser au moment, où victime de sordides intrigues et de ses loyales pensées, il reçut son rappel. La colonie garde souvenir et lui tient reconnaissance de ses généreux efforts.

Depuis trois années cependant ce scandale se perpétue, et l'on voit tel individu, propriétaire de quatre splendides palais, dont il a successivement été expulsé, ne recevoir aucune indemnité, en proie à la douleur, assister en silence au dépérissement et à la dévastation de ses immeubles et forcé de payer un gîte à l'auberge. Il est même un propriétaire encore, et des pièces authentiques dans nos mains le constatent, qui au départ de deux officiers généraux, Feuchères et Buchet, intenta une action judiciaire contre l'autorité militaire, pour obtenir un petit logement dans l'une de ces deux somptueuses maisons, l'une et l'autre ses propriétés, et il fut débouté avec dépens ; non parce qu'il aurait agi sans qualité, c'eut été un prétexte plausible ; mais *parce que l'autorité avait assigné une destination particulière à ces immeubles.* Cette inique sentence, dictée par M. Genty, est dans nos dossiers et nous en offrons la communication à quiconque sera désireux de la parcourir.

Tel est l'abrégé des actes d'une administration de trois années, devenue plus atroce et plus barbare, plus avide et plus spoliatrice depuis la gestion de M. l'intendant Genty, de cet administrateur à qui tant d'exactions et d'avanies, d'attentats et de violences sont imputables ; homme que l'on peut tout à la fois, accuser de participer aux profits des fournitures qu'il confie à ses amis sans adjudication préalable ; d'intelligence avec certains spéculateurs tarés, dont il facilite les fraudes, au moyen d'un riche cadeau, dans des opérations que son devoir est de surveiller; d'exercer la contrebande et le monopole des jeux ; d'imposer sa loi et ses caprices aux tribunaux dont il

destitue les rebelles , s'ils ne se démettent pas (1);
de procéder, dans des jugemens en appel devant
le conseil d'administration , dont il est membre ,
et comme *rapporteur* et comme *juge* et comme
partie , dans les mêmes procès ; de répandre la
terreur et le dégoût sur tous les points où son
nom arrive , la haine et le mépris de notre gouvernement , par les menaces et l'application de
l'emprisonnement, de l'exportation et de la confiscation !

Les précédens de M. Genty, à l'île de Léon et
à l'hôtel des Invalides, attestaient assez, trop déjà,
du savoir faire, du patriotisme et de l'honneur
de ce *Monsieur* , pour présager d'avance qu'il
resterait toujours digne de lui-même dans un
poste plus éminent où ses penchans pouvaient, au
sein des tentations , se développer presque sans
obstacle. De là notre surprise, devenue commune
à tous , des faveurs du ministère qui devait con-
naître ce que personne n'ignore, et sa persistance
à dédaigner tant et de si graves plaintes pro-
duites chaque jour, sur le compte de ce bien
étrange favori, objet constant des répugnances
et des malédictions de la colonie tout entière.

(1) M. Roche , juge suppléant de la cour de justice ,
seul d'entre tous, homme d'honneur et de capacité, indé-
pendant par son caractère et par sa fortune, vient de
donner sa démission.

Il ne serait peut-être ni généreux, ni téméraire de demander compte au gouvernement, en présence même de tant de maux et de tant de sacrifices, de l'abus qu'il a fait ou permis du pouvoir dans la régence d'Alger. Chacun a senti que dans ce pays la charte et les lois étaient effrontément conspuées et que l'existence d'une armée, sous le nom *d'occupation*, dans un empire dont le chef a été chassé, toutes les institutions détruites, était une appellation dérisoire. On entend toujours, et les publicistes enseignent, que l'occupation est le concours armé d'une puissance amie au maintien des lois ou à la défense d'un pays en révolte intestine ou menacé d'une invasion étrangère; telles, nos interventions en Morée, où nous prêtions main forte aux autorités grecques, à Ancone, où nous sommes complices des supplices decrêtés par le Vatican. Mais Alger est un pays de conquête, pays où le vainqueur a institué des corps administratifs, judiciaires et financiers que doivent régir les institutions contitutionnelles de la France. Je l'ai dit, il est aisé de prouver l'attentat fait au pacte constitutionnel, mais personne ne l'ignore; tout le monde le sait, le gouvernement lui-même ne se défend pas de cette grave imputation, impossible donc de rien révéler à cet égard.

Le militaire a bien sa part aussi des griefs inouis dont se plaignent, à si bon droit, les habitans de la Régence. Le pillage des fruits et des récoltes , la dévastation des habitations urbaines et rurales lui appartiennent , et les assassinats , commis sur quelques-uns d'entr'eux , ne sont que de cruelles represailles des mauvais traitemens , qu'à tout propos , ils font subir à l'indigène docile , se rendant parmi eux chargé de provisions !

Le mal est à son comble, et de longtems les sollicitudes paternelles de la France ne pourront effacer les funestes impressions de tant d'iniquités et de violences , de despotisme et d'arbitraire.

A n'en pouvoir pas douter, là se trouve l'une des graves causes des hostilités permanentes des indigènes ; mais la principale est dans l'incertitude de notre occupation, et l'esprit général chez eux , entretenu par nos actes, qu'incessamment nous évacuerons le pays pour faire place à un gouvernement de leur choix. Notre attitude sur le littoral et notre presque séquestration dans les limites étroites des villes occupées , corrobore cette pensée de toute l'autorité de la raison. C'est donc pour ces hommes , plus harcelés , plus méprisés et plus volés que sous le règne des Turcs, un devoir et un besoin de combattre constamment l'ennemi commun , près d'ailleurs, à leur avis , de prendre la fuite et de signaler leur courage et leur patriotisme sous les yeux des chefs du prochain gouvernement dont les faveurs leur seront assurées.

Si au contraire une proclamation de prise de possession définitive de la Régence était répandue dans toutes les tribus , complétée de la promesse , fidèlement gardée , de respecter leur culte , leurs biens, leurs lois et leurs mœurs ; de l'invasion sur quelques points de l'intérieur , par exemple de la ville importante de Constantine , de la plaine, près d'Alger, de *Blida* et de la *Mitidja*, et de la mise en culture de ces deux dernières possessions fabuleusement fertiles, nul doute alors que la conviction du dessein de conserver notre conquête ne passât dans leur esprit, et que les avantages qu'ils trouveraient dans nos rapports n'amenassent bientôt le dépôt des armes, une réconciliation progressive chaque jour cimentée par des transactions d'intérêt commercial.

Je pourrais , en continuant de traiter ce sujet, révéler d'autres causes de nos perpétuels dissentimens ; mais je n'ai ni le tems ni le courage de m'étendre encore sur ces déplorables conflits ; aussi bien le tableau que je ferais de tant de turpétudes porterait ou le doute ou l'affliction dans le cœur généreux de mes lecteurs , et jaloux de prévenir l'un et l'autre , je vais me borner à exposer succinctement les améliorations à apporter à cet état trop intolérable des choses.

CHAPITRE II.

De l'administration de la justice et des officiers ministériels.

SECTION PREMIÈRE.

DE LA JUSTICE.

Partout où se trouve une aggrégation d'hommes, se consomment des actes, s'élèvent des différens, se commettent des délits et des crimes que la justice a le devoir de vider et de réprimer dans l'intérêt de l'ordre social et de la sécurité publique ; mais ses organes, pour être dignes de cette sainte mission, doivent être haut placés dans l'estime du monde et dans la science des hommes et des lois ; préservés, par leur fortune et leurs traitemens, autant que par leur caractère personnel, contre les tentatives de corruption si fréquentes en tout pays, et spécialement dans les pays musulmans.

C'est dire, en d'autres termes, que les hommes, aujourd'hui, chargés de ce sacré ministère en Alger, ne peuvent sous aucun rapport, être maintenus à leurs postes, et que leurs successeurs ont besoin et de plus de savoir, et de plus d'indépendance naturelle et légale, et de plus convenables émolumens; d'une organisation toute judiciaire et non administrative ; des divisions dans les ressorts de juridictions , appropriées aux exigences des époques et des lieux.

A ce double égard nous allons émettre notre pensée.

§ 1er.

JUSTICE INDIGÈNE.

Il n'est pas possible, avec le dessein de travailler au bien commun et à la consommation de la conquête de la Régence, de soumettre indistinctement tous les individus aux mêmes juridictions. Que le vainqueur apporte ses lois pour son usage, c'est juste et nécessaire; mais le vaincu doit aussi conserver les siennes et ses magistrats, dans un pays surtout où le dogme religieux est aussi la législation positive. Cependant pour amener progressivement , plutôt par la faveur que par la peine , l'indigène à aimer , à invoquer notre justice et nos lois , et préparer , avec le tems , la fusion si désirable des races , il faudrait lui laisser la faculté du recours en appel par devant les tribunaux français ; les tribunaux indigènes, dans mon projet , ne devant décider qu'en premier ressort toutes espèces de contestations en matières *civiles, correctionnelles et criminelles.*

Les tribunaux indigènes seraient donc com-
posés, dans chaque chef-lieu occupé, comme il
suit :

TRIBUNAL MUSULMAN.

ARTICLE PREMIER.

1° Un mupthi, président.
2° Deux kadis , juges.
3° Un écrivain , greffier.

TRIBUNAL ISRAÉLITE.

ART. II.

Pour les Israélites dans les mêmes circonstan-
ces et dans les mêmes lieux :
1° Un rabbin , président.
2° Deux rabbins ,'juges.
3° Un écrivain , greffier.

TRIBUNAL MIXTE.

ART. III.

Dans les contestations, les crimes et les délits ,
où seraient parties et des Musulmans et des
Israélites ;
1° Deux kadis , dont l'un président.
2° Un rabbin , juge.
3° Un écrivain , greffier.

Autrefois c'était, dans ces débats, le kadi *hanafi*, de la secte des Turcs, qui décidait souverainement; maintenant, tout en marquant une certaine préférence pour les juges musulmans, et sans blesser aucunes susceptibilités religieuses, il importe de garantir tous les justiciables, et ce tribunal mixte satisfait au vœu de tous.

§ II.

JUSTICE FRANÇAISE.

Tribunaux de première instance.

ART. 1ᵉʳ.

1° Un juge royal ⎱ exerçant concurremment les
2° Un lieutenant ⎰ fonctions de juge-de-paix.
3° Un procureur du roi.
4° Un greffier.
5° Des huissiers.

Ce tribunal de première instance serait institué dans chaque arrondissement judiciaire; mais pour celui de la capitale, il serait indispensable d'adjoindre un substitut au procureur du roi et un commis au greffier.

ART. II.

Tribunal d'appel, supérieur ou Cour royale.

Les décisions rendues par ce tribunal, dont le siège serait à Alger, seraient souveraines dans toutes les matières de sa compétence réglée par nos codes; mais le pourvoi contr'elles devrait pouvoir être tenté devant la Cour de cassation.

Ce tribunal serait ainsi composé :

1° Un président.

2° Quatre conseillers,

3° Deux auditeurs.

4° Un procureur du roi, ou général, ou supérieur.

5° Deux substituts.

6° Un greffier.

7° Un commis greffier.

8° Des huissiers.

Jusqu'à la promulgation des lois spéciales qui paraîtraient nécessaires au pays, les tribunaux français en Alger devraient appliquer toutes les lois françaises.

Si pour le jugement des matières criminelles, la commission ne trouvait pas le pays en état de fournir actuellement un jury notable, après l'instruction de la procédure et la mise en accusation, actes conférés au tribunal d'appel, le prévenu et les pièces aux procès devraient être renvoyés devant la cour d'assises des *Bouches-du-Rhône*. Car il serait intolérable et inhumain d'abandonner la liberté et l'honneur des citoyens à quatre ou cinq juges constitués en Cour prévotale, fonctions d'ailleurs dans lesquelles ces magistrats perdraient toute considération.

Ainsi organisée, la justice pourrait régulièrement vaquer à ses importants devoirs ; mais, comme je l'ai dit plus haut, il faut à cette administration des hommes capables, indépendants, jeunes et studieux. Toutes ces conditions, en apparence difficiles à réunir, se trouveraient cependant aisément en France, si l'on consacre l'inamovibilité du magistrat et s'il est au moins rétribué comme à Paris, où d'ailleurs les dépenses de la vie domestique ne sont pas supérieures et le séjour, certes, ni moins agréable ni moins utile à l'instruction et à l'avancement.

L'institution d'un tribunal de commerce serait très-agréable et peut-être très-utile à la population marchande et industrielle ; la commission appréciera si Alger est encore en position de jouir de cette légale faveur.

Dans un premier travail sur l'organisation judiciaire de la Régence, que je fournis quelques jours avant de donner ma démission de juge royal dans ce pays, à M. Paravay, lors de son voyage ministériel en Alger, j'élevai, justifié par un modeste et bien exact budget, à 4,500 fr. par an la dépense stricte d'un *magistrat garçon* ; maintenant, pour préciser le chiffre de ses justes

exigences et de ses besoins, il suffit de songer
qu'il s'en trouvera de pères de famille parmi eux,
et qu'en Afrique chacun, dans toutes les posi-
tions, veut améliorer sa fortune ou par des économies sur le prix de ses travaux, ou par des spé-
culations mercantiles, et cette dernière ressource,
ouverte à tous, est fermée au juge.

Cependant si les frais d'entretien d'un tribunal
supérieur, si nécessaire, si indispensable, cau-
saient quelque épouvante, resterait encore la
ressource d'attribuer les fonctions qui lui sont
assignées dans les préventions criminelles au
tribunal de première instance du chef-lieu, et de
conférer à la Cour royale d'Aix, la plus voisine,
comme cela se pratiquait avant la conquête à
l'égard des sentences rendues par nos consuls en
Barbarie, la juridiction d'appel sur les jugemens
rendus dans la Régence.

OFFICIERS MINISTÉRIELS.

SECTION II.

Sans arracher d'une manière absolue au kadi
son concours à la rédaction des actes publics,
dont il cumule les attributions avec celles de l'administration de la justice, il conviendrait, peut-
être, de limiter désormais sa compétence ministérielle à la constatation légale des titres de

propriété des indigènes et à la réception des conventions des parties ; mais l'acte authentique devrait toujours être rédigé par des notaires français , toutes les fois , au moins , qu'un Français ou un étranger sera contractant avec un naturel. Pour décerner ces fonctions importantes, il faudrait exiger, de la part des candidats, toutes les prescriptions légales sur cette institution , et se garder surtout d'en investir , ainsi que cela existe aujourd'hui , des hommes ou entièrement ignorants de la matière; (tel M. Martin), ou de prétendus anciens notaires de France, accourus avec leur famille sur le sol d'Afrique à la suite de l'armée d'invasion, pour implorer une place *quelconque;* (tel M. Guertin).

La prudence, d'accord avec la loi, commanderait le soin de vérifier les antécédens des huissiers postulant aujourd'hui devant les tribunaux de la Régence , et leur aptitude à remplir ces graves fonctions avant de les confirmer. Il en est un à Alger , bien connu à Paris , qui doit sa liberté à l'indulgence du parquet et de ses anciens confrères, et sa place à la bienveillance toute particulière de M. Genty dont il sert les méchantes passions dans l'exercice de son ministère!

CHAPITRE II.

Du gouvernement colonial.

La colonie d'Alger coûte déjà , dit-on , plus de 30,000,000, fr. par année , et cependant , s'é-crie-t-on , ses produits sont nuls. Cette assertion ne fut-elle pas contestable , son explication serait encore très facile à quiconque, ayant lu cet écrit, voudrait se ressouvenir qu'à son début, j'ai dé-noncé les actes de spoliation et de vandalisme , de dévastation des biens ruraux et urbains , des attentats aux choses et aux personnes , des exac-tions administratives et fiscales , des impôts tra-cassiers et ruineux , causes principales et uniques peut-être de la rare émigration de l'Européen dans ces climats fortunés , de la fuite incessante de l'in-digène , de l'absence complète des capitaux , de l'abandon presque absolu de la culture des terres, du désespoir et de la misère enfin de tous les habitans de la Régence, les déprédateurs exceptés.

Maintenant c'est à faire cesser toutes ces odieu-ses causes de mal que vont tendre sans doute les efforts constants et lumineux de la commission d'Alger ; pour moi, d'accord avec ce vœu , je vais consigner ici, mais sans les développer, mes moyens pour atteindre ce but si désirable tant et si justement réclamé.

Pendant trois années la France a fait d'immenses, d'inutiles, je dirai même de funestes dépenses en Alger; son désir et son projet peut-être sont de les réduire sans nuire toutefois aux voies d'améliorations qui lui seront proposées. Je saisis la question en cet état, et vais la résoudre dans le sens de cette pensée et encore au profit de la métropole et de la colonie.

Dans ces dépenses, que l'on porte si haut, l'armée entre au moins pour les $4/5^{es}$, et c'est à tort qu'on en fait une charge spéciale de la colonie, alors que la seule imputation à lui faire devrait se réduire à la différence des prestations du pied de paix au pied de guerre, état encore qui, pour la garnison d'Alger devrait cesser, et successivement partout. Ce raisonnement est si logique qu'il n'est venu à la pensée de personne d'accuser la capitale de la métropole, dont la force armée, qui veille sur *l'émeute*, sur le *complot des* 27 et sur *l'horrible attentat*, est plus considérable que celle opposée à plus de 3,000,000 de Bédouins, de dévorer annuellement, 30 ou 35,000,000 fr. pour sa défense contre les mains calleuses de quelques faubouriens passablement irrités, il est vrai, de *l'ordre des choses*.

La première armée cependant aurait mission de travailler au progrès, et la seconde à la retraite de la civilisation et de la liberté! Laquelle des

deux est donc la plus onéreuse et la plus nécessaire à supprimer ?

Pour faire abonder les bras et les capitaux dans
l'ancienne régence d'Alger , moyens uniques de
culture des terres , de fabrication et d'exportation des produits indigènes, comme source abondante d'importation , de naturalisation et de
consommation des denrées européennes , c'est
évidemment , en premier lieu , la déclaration
officielle de l'incorporation d'Alger à la France,
soit comme partie intégrante , sous le nom de
21ᵉ division militaire , soit comme partie dépen-
dante, sous le nom de colonie française; mais pour
hâter ce double progrès , sans lequel rien d'ailleurs n'est possible ; presser l'époque où la métropole pourra se restituer de ses avances avec
de grands intérêts , il importe essentiellement
que pendant *cinq années* au moins les émigrans,
de tout âge et de tout sexe, soient admis en
gratuité au passage sur les bâtimens de l'État ;
que tous ces impôts divers , calqués sur ceux
qui rongent la France, soient supprimés et que
cette autre armée d'employés , êtres parasites ,
reçoive son licenciement, cohortes qui, pour
ruiner le présent et l'avenir de la colonie, n'en
absorbent pas moins une forte partie du budget.

A l'expiration de cette courte période de cinq
années, l'État pourrait établir des impôts *fonciers*
et des impôts de *douanes* , et ceux-ci réglés de

manière à favoriser le commerce et la marine de la Métropole, en frappant d'une taxe plus élevée les marchandises de même nature et les navires de même contenance venant des pays étrangers ou leur appartenant, en tenant compte surtout de la supériorité des charges de l'armement en France , par le double motif que les matières premières servant aux constructions sont exotiques et paient des droits exorbitans à leur entrée dans nos ports ; que le marin français exige un entretien plus dispendieux et une solde infiniment plus considérable que le marin étranger.

Sans nous occuper de la question importante de la possession de la régence d'Alger sous le rapport de notre puissance maritime dans la Méditerranée, ni du rôle, tout à la fois , flatteur et humain de rendre un peuple barbare à la civilisation , nous allons poser les jalons du gouvernement futur souhaité pour et par la colonie.

SECTION Ire.

§ Ier.

Du siège d'Alger.

1° Un ministre ou conseiller d'État, gouverneur,
2° Un lieutenant général civil ,
3° Un lieutenant général militaire ,
4° Les tribunaux,
5° Une municipalité élective.

6° Deux commissaires de police , dont l'un chargé de la police générale.

§ II.

Des arrondissemens.

Dans chaque chef-lieu d'arrondissement seraient institués :

1° Un lieutenant civil.

2° Un lieutenant militaire.

3° Le tribunal.

4° Une municipalité élective.

5° Un commissaire de police , chargé aussi de la police générale.

Les conseils municipaux, pris dans la population indigène et française selon les proportions respectives de leur importance, veilleraient, par des commissaires élus dans leur sein , à l'entretien et aux réparations d'urgence des biens domaniaux ; c'est eux qui effectueraient les recettes de leur revenu et en feraient emploi , qui feraient procéder à l'exécution des travaux d'utilité publique ; c'est à eux enfin que serait confiée la direction des établissemens de bienfaisance pour les Européens (les indigènes devant avoir séparément les leurs suffisamment dotés, sous la gestion gratuite de leurs notables), et tous les détails de police et de voierie, sous la haute main du maire, du lieutenant ou du lieutenant général civil.

Resterait encore à pourvoir à l'administration des biens domaniaux , dont l'importance est grande , leur revenu nul et leur dépérissement flagrant ; à cet égard on procéderait au fermage , par voie d'adjudication publique , sur cahier des charges , au nombre desquelles serait formellement imposée au preneur celle des réparations d'urgence et d'entretien. Cette mesure simple et très économique aurait le double avantage d'assurer la conservation de ces propriétés et de produire des revenus susceptibles de parer grandement à tous les besoins de la cité.

En se retirant , l'administration des domaines accomplirait la restitution , tardive sans doute , à la *Mecque* et *Médine* des biens dont elle s'est scandaleusement emparée , biens consacrés , par des legs pieux , à l'entretien des lieux saints , des pauvres, des veuves , et des orphelins , et seraient remis , selon l'usage et la volonté des donateurs, à la gestion d'une commission *gratuite d'indigènes.* Cet attentat au plus sacré des patrimoines cessant , peut-être aussi que les haines, qu'il a si justement fait naître , cesseraient! Cette leçon, un peuple barbare devait-il la recevoir d'un peuple civilisé?

Un autre acte de justice est attendu de la commission, et réclamé par les parties lézées, au nom du droit des gens, de la capitulation d'Alger, du droit de la métropole et de celui de la colonie même ; c'est le paiement immédiat, après *esti-mation légale* , de la juste indemnité due au: propriétaires dont les maisons ont été ou démolies en faveur des alignemens et des places publi-ques , ou données en jouissance gratuite aux officiers ou administrateurs de l'armée et de l'in-tendance civile.

L'organisation nouvelle, ainsi ou à peu près réglée, donnerait lieu à plus d'un million d'éco-nomie en même tems que tous ces impôts mortels qui pullulent dans la colonie seraient supprimés et l'ancienne Régence ouverte en fran-chise, *pendant cinq années,* à tous les pavillons ; que tous les genres de culture , de commerce et d'industrie étant exercés en pleine liberté et sans taxe , appelleraient sur le sol une masse innom-brable d'émigrés , et retiendrait dans sa patrie l'indigène que les outrages faits à ses mœurs et le prix exorbitant des consommations , chassent simultanément.

Dans ce laps de tems se trouveraient com-plètement réalisées toutes les espérances conçues de ce beau pays, et la France alors pourrait son-ger aux prospérités de ses trésors dont elle aurait fondé, en Alger, la plus abondante source.

Une autre heureuse conséquence de ces dispo-sitions, sera d'ouvrir immédiatement un écoule-ment à ces masses oisives et turbulentes qui effraient toujours et troublent souvent nos grandes cités d'Europe; l'émeute alors, ce monstre désorganisateur, verrait son élément se dissoudre, et l'ordre, désormais assuré pour les uns, percerait une voie d'occupation et de prospérité pour les autres, le calme et le bonheur pour tous.

J'éprouve le besoin de dire en terminant cette notice que l'armée elle-même pourrait être l'objet d'une grande économie, en réduisant l'administration et les états-majors au personnel nécessaire. Ainsi pourquoi à Alger cinq, six et souvent sept généraux, et deux à Oran? Deux, au plus trois, dans la première résidence, et un dans la seconde, comme à Bône, suffiraient aisément. Pourquoi cette fourmilière d'intendans militaires et de commis de la guerre de tous les grades? Pourquoi tant d'officiers sans troupe, tous livrés aux loisirs et aux charmes de la vie de garnison, et percevant fort exactement leurs prestations de campagne? Voilà, devons-nous répéter, un vaste champ signalé aux économies. Mais je soupçonne que le ministre de la guerre, auteur de cette prodigue organisation, contestera qu'il soit possible de toucher à son œuvre sans tout pervertir, tout compromettre !

Pour donner de l'autorité à mon langage, que la véracité la plus scrupuleuse ne défend pas toujours d'une apparence de passion, je vais clore cette note par la publication de mes pouvoirs:

« Les soussignés capitalistes, agriculteurs, commerçans et industriels, ayant fondé des établissemens dans les possessions françaises de la régence d'Alger;

» Considérant que la loi est le *Palladium* de tous les droits et le guide de tous les devoirs dans l'association de la grande famille, et que tout en dehors de sa protection et de ses commandemens, n'est que caprice et arbitraire;

» Considérant que la loi, même sous les gouvernemens absolus ne se forme pas de la seule volonté du monarque, puisqu'à sa confection sont toujours appelés, au moins, les grands corps de l'État;

» Considérant d'ailleurs qu'après quarante années de glorieux combats, qu'après deux immortelles révolutions, le peuple français a reconquis ses libertés avec la souveraineté, et que nul, dans toute l'étendue de l'empire et de sa domination, ne doit reconnaître d'autre puissance que la sienne, d'autre législation que celle émanée ou dérivée du pacte fondamental de ses constitutions;

» Considérant cependant, que l'intendant civil de la régence d'Alger proclame que, par *décision ministérielle*, sa volonté, d'accord avec celle du commandant militaire, constitue la seule législation du pays ;

» Considérant qu'au nom de ce pouvoir monstrueux, constamment les lois et la justice sont violées ; les tribunaux subordonnés ou suspendus ; la confiscation, la spoliation, l'emprisonnement et la déportation, exercés ; la propriété, le commerce, l'industrie et la liberté individuelle, menacés attaqués et frappés ;

» Considérant que ces actes de tyrannie et l'alternative de tant d'iniquités ont tari, à leur naissance, les propriétés du pays, anéanti les établissemens qui s'y étaient formés, et porté le découragement le plus profond et le plus désastreux dans tous les esprits ; qu'enfin la régence d'Alger, si cet état funeste des choses n'a un terme prochain, est à la veille d'être abandonnée par la population civile, événement grave qui serait la source de pertes incalculables pour les colons et pour la mère-patrie ; mais inévitable comme le moindre des maux ;

» Considérant qu'à la plus courageuse victime des turpitudes du pouvoir dans ce pays ; qu'au citoyen patriote, qui pour notre défense, s'est voué à ses ressentimens et à ses coups après avoir répudié ses faveurs, appartenaient les suffrages spontanés de la confiance de nous tous, pour porter à la connaissance de la métropole,

les calamités qui désolent et déchirent la colonie d'Alger, et qu'une administration pater-
nelle rendrait si facilement heureuse et pros-
père;

» En conséquence, lesdits soussignés , prient
avec instances , M. Cappé, avocat et l'un des
grands propriétaires de la colonie , d'accepter
leurs plus amples pouvoirs et de porter en personne leurs réclamations et leurs suppliques
au gouvernement et aux chambres de la métropole.

(Suivent plusieurs pages chargées de signatures.)

IMPRIMERIE DE GOETSCHY, RUE LOUIS-LE-GRAND, 55.